Os dias em que não te vi

Vagner Amaro

Os dias em que não te vi

poesia

2.ed.

Todos os direitos desta edição reservados à Malê Editora e Produtora Cultural Ltda.

1.ed., 2021.
Os dias em que não te vi: poesia
ISBN: 978-65-87746-66-1
Capa: Dandarra de Santana
Foto: Fabrício Bernardo
Edição: Marlon Souza
Revisão: Léia Coelho
Diagramação: Maristela Meneghetti

Texto revisado segundo o novo Acordo Ortográfico da Língua Portuguesa.
Proibida a reprodução, no todo, ou em parte, através de quaisquer meios.

DADOS INTERNACIONAIS DE CATALOGAÇÃO NA PUBLICAÇÃO (CIP)
Rosangela Coutinho da Silva – Bibliotecária – CRB-7/5243

A485d	Amaro, Vagner
	Os dias em que não te vi: poesia / Vagner Amaro.
	Rio de Janeiro: Malê, 2022.
	p.90; 21cm.
	ISBN 978-65-87746-66-1
	1. Poesia brasileira I. I. Título
	CDD – B869.1

Índice para catálogo sistemático: I. Poesia: Literatura brasileira B869.1

Editora Malê
Rua do Acre, 83, sala 202, Centro, Rio de Janeiro, RJ
contato@editoramale.com.br
www.editoramale.com.br

Sumário

Uma estrela com o seu nome

1. Reconhecimento facial 11
2. Difuso 12
3. Autorretrato 13
4. Queloides 14
5. Lentes 15
6. Supernova 17
7. Marujo 19
8. Ela 20
9. Ele 22
10. No reino de Olokun 24
11. O Grito 25
12. Preta 26
13. O ausente 28
14. Urbe 2020 29
15. Agora 30
16. Ferrugem 31
17. Também finjo 32
18. Uma estrela com o seu nome 33

Estranhos frutos

19. Trampolim 37
20. Antes da queda 39
21. O livro vermelho 41
22. Para o Lima 42

23. Minha Pátria..44
24. Página final...46
25. Formigas..48
26. Poema da dor maior...50
27. Naufrágio...51
28. Quebranto..52
29. Circense...53
30. Dois vencidos..54
31. Sede...56
32. Dois Irmãos...57
33. Não poema..58
34. Margens...60
35. Bandas...61
36. Ilusões da mente...62
37. Salgar...64
38. Palavras esquecidas..65

O corpo de um lugar

39. Eles..69
40. Essas tardes..70
41. A carne da terra..71
42. O amor..72
43. Uma cidade...73
44. Rádio relógio..74
45. Dama da literatura..75
46. Uma música, apenas...77
47. Abô...78
48. Poeta?..79
49. Tablado...80

50. Breus 81
51. Do fim 82
52. A memória de um abraço 83
53. Os França 85
54. Os dias em que não te vi 87
55. Sementes 89

Uma estrela com o seu nome

*"Sou entre flor e nuvem,
estrela e mar."* — Cecília Meireles (Inscrição).

Reconhecimento facial

A vigilância
permanece
intacta
sobre os corpos
negros.

O velório
sem flores,
o caixão.

As câmeras,
robôs
escaneiam
nossas faces.

Estranhos frutos
Estragos fartos
Sem paz, sem ar.

Difuso

O mais visível
em mim
é um espectro
da sua mente.

Não sou eu
o seu molde.
Não me encaixa.
Não me encaixo.

Não sou eu
o seu medo.
A válvula onde escapa
o que sou
não lhe interessa.

E quanto mais distante
de mim
você me vê,
mais me desvencilho
da sua festa.

Autorretrato

Sou mais em silêncio
Na contraluz é que me encontro
Quando as máquinas cessam
e apenas a Terra gira.

De olhos cerrados
guerreando no território de palavras.
Apenas um homem
que lê obsessivamente a pele das coisas
e retira de si a lava incompreensível
a substância que queima
e cobre todo o corpo.

Sou o menino com medo de espíritos
os sonhos adormecidos
a paixão por dragões
o perigo por detrás da máscara.

E quanto mais sou
menos me vejo.

Queloides

Como queloides suspensos no mar
dor a dor as minhas cicatrizes
históricas
contemplo.

Inventando a outra margem
onde me esperam
entre palmeiras
embriagados de vinho.

Como queloides
na pele do pensamento,
caminhar inseguro.

As marcas não se apagarão
com o seu esfregar violento
nas tramas do meu futuro.

Lentes

Me deseja
Me odeia
Me teme

Me prende
E deseja

Me inveja

Me contrata
E odeia
Me deseja
Me elogia
Me teme

Me abraça
Me odeia
Me engana

Me inventa

Me explora
Me cheira
E elogia
Me odeia

Tenta
constantemente
me matar

Me deseja
E se odeia

Me ama
pelos avessos
Ao me notar

Supernova

Um homem negro
preso pela polícia
ontem
Estava em casa
com mulher e filhas
A paisagem é repleta
deste ontem
destes homens
sob vigilância
em prisões dentro de prisões,
grades e olhares.

O que pode
um homem negro?
Pode correr um homem negro?
Pode gritar?
Pode usar capuz?

Ontem um homem foi preso
E no caminho do seu sequestro
só pensava em todos os degraus
que subiu em linha reta,
e as imagens dele subindo
sem se expandir
era a loucura dentro de outra imagem
Ele na cadeia
Por um crime que não cometeu

Ontem ele foi preso
e dentro de mim uma dor
e um atordoamento
de uma irmandade
neste território
onde só nascem frutos amargos.

Marujo

Longe do mar
perco o olhar de menino
a dar cambalhotas
no pensamento
em queda mansa.

A pele deserta
A cor empalidece.

Esqueço de sonhar
quando os pés não areia,
sem a canção das águas
ninando a vida.

Longe do mar
sou apenas saudade
arrastada no concreto.

Uma falta marinha
um seixo esquecido
um pedestre solitário
em campo aberto.

Ela

Ela chega quando menos espero.
Magma laranja das profundezas.
Veste pouco, cheira a doce
e na garganta sempre acesa,
refaz meus instintos.

Ela, bela de vermelho.
Redemoinho
a se entregar em febre nascente.
Atordoa os felinos
Reconstrói em movimentos salientes
sua morada, meu corpo,
casca vazia.

Ela se enjaula sozinha, saciada,
esperando o novo grito da fera.
Desfalece sobre o outro corpo,
quando dentro do meu,
reencarna sua macabra jogada.

Apaixona os meninos,
estremece em gargalhadas.
Ela,
Pedra bruta de instintos
na cinzenta desrazão fez-se em forma prateada.

Me visita desde então,
a sua casa.
Com a minha permissão
é o meu corpo em foz desaguada.
Me seduz, ser seu manto,
pedra rubra,
turmalina, felina, tão safada.

Ele

Ele vem de outras estações
Sereno encanto
com os pés enormes
por mergulhar no quinto oceano.

De voz grave
e pele cheirando
ora a dendê, ora a mel,
infla e aparece.

Ele, peito esculpido
Ele, bunda macia
Ele, edifício entre as pernas.
Ele, tigre marrom.

Não envia avisos
Chega com o vento
No vão que se abre na terra.

Comanda os movimentos
Desfalece suas presas
Conduz para espaços aéreos
e em seus braços
as põe para sonhar.

Ele, universos no olhar,
Nunca sei os seus horários.

Gosto dele em segredo
Quando inunda o interior dos soldados
do seu reinado,
e sorri, distraído, após o gozo.

Quando desaparece sem avisos,
resseco por dentro
e ouço apenas
os seus passos de fera
a estremecer os pisos
de onde aguardo sem vida
as suas chegadas.

No reino de Olokun

Vive conduzindo meus desejos incertos.
Vacilo no submundo silencioso
onde habitas em cores e espantos.
Quanto mar a nos salgar a amizade
de tantos vínculos, inocente remanso.

Me cega por procurar seus movimentos marinhos.
Seu nado ruidoso desenha nas águas um caminho
que não busco percorrer, por medo e pelas cicatrizes,
memórias de dores terrestres,
rascunhos dos dias felizes.

Eu em terra a me aventurar pelas rochas do acaso.
Você no mar a desvendar os mistérios,
que distanciam os pontos do nosso mapa traçado.

Me entregaria a morte ao tentar mergulhar em seu mundo de
                                              [liberdade.
No encanto submerso em que vive, o ar me é negado.
E nem mesmo o seu cheiro marinho, visita a minha saudade.

O Grito

Os gritos de fome
O silêncio da fome
O pedido da fome
na manhã do Méier

O barulho do corpo
A sujeira das mentes
O tremor das mãos
Na manhã retinta

Quantos ainda dormem
se diminuindo nos cobertores
Improvisados?

O vírus
Quantos acordados
pelo poder fardado
A procurar outro lugar
Que não há

Os gritos de fome
O ronco na manhã ensolarada
Não temos nada
Enquanto famintos perambulam pelas ruas
Mãos estendidas
a tingir de preto o azul-claro do céu.

Preta

Deixe que eu te olhe inteira
e para cada esconderijo do seu corpo.
Estando à margem do mar que é você,
deixe que eu habite a beira
de suas inquietações.
E percorra a sua geografia.
Quanta beleza.
Quanta alegria, estar em você.
Espero o seu sim todos os dias.

Deixe, minha alegria, que eu me perca.
Rumo incerto
em seus segredos
E neste labirinto faça o meu lar,
repetindo seu nome incansavelmente.
Preta, luz, beleza
Meu doce escuro
Deixe que eu te cante
e te conduza com a brandura
dos meus desejos recidivos.

Fique, antes que eu erre.
Aguarde até que complete o tanto amor que tenho e é todo seu.
Aguarde o amanhecer dos dias que serão só nossos
E que já se desenham nas órbitas do amanhã.

Deixe que eu te chame de minha.
Descanse em meus braços
e fiquemos por uns instantes sem preocupações.
Deixe que eu construa pontes para você atravessar
e possamos morar
na sina do seu sonho.
Pretinha, rainha, minha
Brilho dourado
Cheiro de fruta
Deixe que eu te ame
Deixe que eu te cante
e permita-se repousar no meu corpo
como a brisa busca sem par
um lugar no tempo
Como a espera perde lugar
Nesta minha cama, magma de sentimento.

O ausente

Quando eu ligo
e ela não atende
É um aperto no peito
Um terror macabro

Até os primeiros instantes
em que brilha
nos meus ouvidos a sua voz
E posso respirar
novamente
na espera da próxima aflição

Vivemos nestes
prenúncios
do pior
Um vento gelado
que não saiu do corpo
Desde que ele partiu
sem grandes avisos

Urbe 2020

Te encontro em um café, às três, no Centro da Cidade.
Percebo a calvície se avizinhar das suas madeixas que trata com
[orgulho,
e nos seus olhos um cansaço de tudo.

Queria te abraçar na dureza de um café às três,
reanimar o seu olhar enlutado,
de tanto viver, por tanto querer romper o esperado.

Mas apenas consigo silenciar
e observar como a moça da cafeteria
como uma sonâmbula,
leva as xícaras ao jorro do líquido preto,
e nos entrega quentes, em seguida.

Parece não se queimar a moça da cafeteria,
e isso me traz um aperto sem riscos.
Volto minha atenção para o planeta dentro dos seus olhos verdes,
prevejo desertos futuros em sua alma envelhecida.

Em assombros,
como um clown, procuro arrancar-lhe um sorriso.
A adiantar-lhe o amparo para dias que virão.

Agora

Agora a chuva
O esgoto
Os ratos nadando acima dos nossos pés
A mensagem que não vem

Agora as melhores roupas
quietas nas gavetas
O relógio preguiçoso
e as ofensas não dissolvidas
com tantos chás

Agora a plenitude
de um eu sem você
leve a flutuar
no vazio de agora.

Ferrugem

O tempo
planeta safado
ironiza
quando danço sozinho
na sala.

O tempo
me enferruja
para depois
me calar.

Na penumbra
do meu terror
o tempo me olha
de esgueio.

Enquanto me curvo.
Enquanto envelheço

Também finjo

Nem sempre que eu escrevo dor,
eu sangro por dentro,
também finjo.
Escrevo dor,
para que ela se aproxime,
toque nos objetos parados
de uma casa ordinária.

Nem sempre que eu escrevo amor
sou leveza olhos para o ar.
Escrevo,
para reencontrar a temperatura
daquele tempo de árvores verdes.

Nem sempre que eu escrevo poesia,
ela está ao meu lado,
me observando.
Escrevo porque o vazio é grande.
Escrevo para desenhar o meu tamanho.

Uma estrela com o seu nome

Na noite em que sonhei com Deus
e ele não era velho
nem branco
e não estava cansado,
contei o quanto transbordava em mim
a lembrança de você.

Ele me ouvia um pouco distraído,
enquanto desenhava mapas celestes.
Explicou-me sobre as estrelas,
as temperaturas,
a luminosidade
e o mistério.

Disse que se eu trabalhasse com afinco
poderia criar uma estrela
sem precisar Dele.

Eu acreditei
como me foi ensinado a acreditar em Deus.
Então peguei o plasma incolor incandescente
e passei horas a tocar aquele corpo sem pulsação.
Quanto mais trabalhava a massa disforme,
mais uma luz dos meus dedos surgia.

Ergui a massa no céu,
que flutuou meio desengonçada,
como você.

A estrela recém-nascida se distanciava.
Senti um vazio sem susto
e pensei, secretamente, o seu nome,
enquanto Deus nos olhava sorrindo.

Estranhos frutos

"E a cada dia ampliava-se na boca aquele gosto de morangos mofando,
verde doentio guardado do fundo escuro de alguma gaveta"
— Caio F. Abreu (Morangos mofados)

Trampolim

Mergulho
na espera do choque do meu corpo contra o chão.
Enquanto afundo,
escrevo
perfurando as barreiras, crostas de proteção.
Tingindo em espanto azul
o caminho sem tréguas.
Eu no ar, esperando o romper da carne na batida contra o real.
O quebrar dos ossos.
Eu, chegando aonde o medo me libertou de mim.
Eu, alquimista da morte
em curta viagem,
paisagem de sombras e memórias.
O grito do meu pai,
a faca sobre o peito.
Eu a sentir sua falta,
a olhar o solo a que meu corpo se aproxima sem pesadelos.
Não vou acordar desta imagem.
Nu, sinto o vento sobre a face.
A atmosfera a me empurrar
para planícies de dor,
calcificações.

Então escrevo.
Escrevo o abacate com açúcar dentro,
que a minha mãe me trazia.

Escrevo o balão escapado da minha mão de menino,
que subiu e observei por horas.
Que subiu até desaparecer no céu azulado,
de onde desço mais rápido que imaginava.

Trampolim, palavra escrita.
Trampolim, enganação de eus.
Trampolim, trairagem sem fim.

Observo o platô que me aguarda,
e toco a dedilhar meus pecados,
meus segredos e minha ausência.
Palavras de ânsia.
Livro vermelho.
Minha essência.

Antes da queda

Antes que siga os caminhos que se abrem apenas para você,
quero lhe contar este livro segredo,
que tanto escondi, enquanto rascunhava em nosso horizonte
[risos invencíveis.

Antes que não olhes para trás.
Antes que a cegueira da solidão desapareça com tudo
que um dia foi o delineamento do nosso bem querer.
Que eu descreva, nessas horas desfeitas
em ampulhetas elétricas,
seu cheiro, em fórmulas compreensíveis apenas para mim.

Você que me acompanhou nas difíceis noites de luto e espanto.
Que nadou lado a lado contra as fortes ondas da minha dor.

Que eu guarde um dos seus pelos arrepiados
e o jorro morno de sua essência.
Antes de vagar me machucando nos móveis da casa,
eletrizado e trêmulo.
Antes de vacilar nos degraus
enquanto desço sem destino.

É tão fria a brisa que anuncia a sua partida,
que molho as plantas,
abro o meu livro vermelho
e leio para você,

sem cessar,
as palavras do meu amor.

O livro vermelho

O livro vermelho se liquefaz
e escorre pelo asfalto.
Letras dissolvidas sem despedidas e dramas.
Encenações do cansaço.
O livro vermelho depois de ter se escrito tudo,
inútil viaja para a lua.
Líquido rubro a desenhar uma linha sólida,
inquebrável.
Livro inútil de dor e morte.
Livro fechado vermelho pálido,
coração, aorta que em cortes grosseiros
ainda pulsam pedaços de dor e vergonha.
O livro vermelho é grito sem som
silenciado no pensamento.

Para o Lima

O trem passa levando os trabalhadores
impedidos de se protegerem em casa,
com suas máscaras mal ajeitadas no rosto
e a resignação expressa nos olhares.
Quais os gostos nas bocas encobertas por estes tecidos?
Quais vontades juvenis perdidas,
quando as vidas foram apagando os seus sentidos?
Como parecem velhos os jovens que balançam sentados no trem
[prata,
que barulha as incertezas de um destino brutalizado.
O trem range nos trilhos e se parece com um trem fantasma
com todos seus barulhos de terror,
que transporta os vulneráveis,
que não se protegem neste dia, deste horror.
No trem, balas, biscoitos e empadas,
berram, sem máscara, os ambulantes.
Um homem, que diz ter quarenta e cinco anos, repete
No meu tempo
No meu tempo não tinha ...
No meu tempo não tinha ...
No meu tempo...
No meu tempo...
Como é triste vê-lo!
Outro, mais jovem, responde irritado que meninos entram no
[quarto para jogar videogame e acabam transando.

Um hálito de cachaça sacode no trem rumo a central na manhã
[desalmada da Zona Norte.
Um homem canta alto uma música que fala de Deus.
Muitos sussurram.
Uma jovem com uma bebê no colo pede qualquer moeda para
[comprar alimento.
Algo dentro dela parece retorcido, tormento, como uma vértebra
[quebrada.

Nesta manhã algazarra na Zona Norte,
carros passam com famílias mascaradas
e uma senhora, curvada, no ponto de ônibus segura uma bolsa pesada
como uma flor tomba por suas próprias pétalas.
Na manhã asfalto da Zona Norte
policiais vigiam como cacoete.
Transpiram em suas máscaras pretas.
Mascaram medo e ódio.
E os pedestres temem os meninos black sem camisa
com suas máscaras coloridas,
improvisadas.
O dia está claro e as caras fechadas. É outono.
Um cachorro late e chora desesperadamente.
Um mendigo desfaz-se em uma tosse e estende suas mãos
[em desespero.
A rua, insegura e bela, entorna o desfavorável dos dias em asfalto
[quente e sons de ambulância.
O medo toca a minha face nesta manhã da Zona Norte
E na crueza de suas horas,
tremo com o mundo.

Minha Pátria

A minha Pátria não é minha nem dos meus.
É espaço de interdição minha Pátria.
Tadinha de olhos doces,
ensolarada e feita de assombros é minha Pátria.
E quando dor não há mais por aguentar,
mais doer revolve minha Pátria.
De olhos verdes sobre os meus olhos pretos.
De pele branca sobre a minha cor da noite.
Minha Pátria açoite que destrói as famílias
em banzo, fome e doenças.
Pátria da descrença e da fé embalada em cifras.
Minha Pátria com o cu sentado no Sul,
e o sorriso para o Norte.
Minha Pátria disforme.
Eco do que nunca foi,
métrica desencantada.
Pátria salgada sobre o sangue escorrido.
Minha Pátria nunca foi minha,
filho do povo em tenebroso nascente.
Pátria sem leis, sem regras, sem tato,
que não se comove,
quando os meus sufocam, alvejados morrem.
Pátria minha bonitinha.
Pátria minha indiferente.
Pátria minha sem os donos da terra.
Pátria minha renegada, ao lançar-se a morte

nos tumbeiros os meus.
Pátria bueiro,
Patricinha
a furar com os saltos os olhos perdidos no breu.
Pátria podrinha,
de onde os bichos ao nascer do dia correm para o sol.
Pobrinha.

Minha Pátria, tadinha, nunca foi minha
Nem dos meus.
De mãos em mãos vendida,
Pátria de chicotes, de cheques, de expurgos.
Não minha, Pátria bobinha,
roubada antes de ser.

A minha não Pátria
se desfaz, insistente
em ser uma imagem difusa.
Comprime os meus dedos,
Pátria sorridente.
Escrevo a sangrar em suas rugas
as tentativas, tonturas banais
de fincar em seu solo
o meu povo,
sua raiz mais sensível e aparente.

Página final

As folhas em brasas e fogo azul,
marcas, ensejam
outros mundos onde danço
sobre os corpos dos meus inimigos.
Livro aberto, vermelho
de vingança e loucura.

O mar a que me entreguei
na travessia,
e o meu povo que nele fez morada,
da luz apenas reflexos marinhos avista.

Civilizações construídas dentro do mar de almas.

No caminho, na encruzilhada da história
erguemos um sentido onde tudo que reflete terrestre
é o caos.

Daqui saciados, sentimos o desabar dos seus templos bárbaros.
Daqui saciados, aquáticos versos cantamos.
Daqui saciados, sorrimos a sua vitória em navio e crueldade.
Daqui saciados, libertamo-nos, vingados.

Terrestres derrotas diárias de alvos verdes e azuis projetos,
Perdidos, putrefatos sonhos em pesadelos incessantes
que nunca os libertarão.

Minha vingança marinha
que invade dia a dia as suas margens distraídas,
até o dia da sangria final.

Ergueremos na sua terra, triste vergonha,
nosso livro vermelho, faca a faca a sua derrota.

Prostrados em eterna visão para o estranho objeto,
povo mirrado. Palavra por palavra,
lerão ensandecidos a dor desabrandada
dos meus ancestrais.

Formigas

Sentado na terra preta do quintal,
o menino perdia-se no passar ordenado.
Fileiras de encanto.
Mais à frente
um morrinho arejado, castelo miúdo,
esconderijo de quem não se esconde.
Cuidado que formiga avoa!
Grita a mãe, do esfrega-esfrega no tanque.

As horas não existem para quem observa as formigas,
e ousa brincar com elas,
em consonante balanço.

Bloqueio da reta de levar seus alimentos!
Elas contornam o pedaço velho de madeira.
Água, lago artificial para criar aventura!
E elas flutuam.
O menino não sorri.
Perdido no mundo das miudezas,
não é preciso.
Integrado a natureza,
tudo é sorriso.

Até mesmo a dor da picada,
em calombo pranto,
é esquecida ao ver a nova largada

das trabalhadeiras do não descanso.

Só não compreende o menino,
anos à frente,
dentro de um corpo mais esguio,
nas páginas escolares do futuro,
quando lhe dizem,
incandescente,
que meninos como ele
com a boca cheia de formiga morrem.

Frase-espanto, ardor na face,
choro no escuro.

Até compreender o menino,
em descompassado destino,
que as formigas sopradas em sonora espada,
não são as suas antigas amigas.

As formigas sopradas, das quais nunca soube,
em cruel caminhada,
invadem a garganta,
sufocam o espírito,
e em crescente fosso,
a infância desencanta.

Poema da dor maior

Do tempo em que caminhávamos cantando para a escola
resta apenas um suspiro de mãos vazias
Entreposto da dor que os transeuntes ignoram
onde o corpo, o vento frio em solidão arrefecia.

É sempre noite no espaço e no tempo da sua partida
E nos sonhos em que me visita enlouqueço.
Sozinho, o menino e o homem que em espanto perdeu a guarida
Curvado, o velho que no futuro silencia, por esperar-lhe ao avesso.

Como alento, se desprendem da memória as nossas batucadas
A mãe reluzia apaziguada, por embalar as nossas cadências
Enquanto as crianças em samba e em festa brincavam irmanadas.

Neste mesmo, meu pensamento quente,
habita o seu olhar parado, fim dessa estrada.
A sua falta descompassa os dias, meu lado esquerdo ausente,
No fio da vida dei para mancar,
com o olhar vendado por uma crosta salgada.

Naufrágio

O amor não rima
no meu livro vermelho.
Amar é para pessoas sem dobras,
eu sou náufrago.

O amor não cabe,
Não orna,
Não encontra espaço,
Nem mesmo nas margens
ocupadas de recados
que não reconheço.

No livro vermelho
dobrável
não posso ser amado.
No livro vermelho
dobrável.
sou marcado.

O amor não cessa de tentar
penetrar,
mas dessa praga carmim,
eu me escondo.

Quebranto

Mesmo que eu disfarce em minguas palavras
todo o quebranto
que me prende a você,
noite de luz sem estrelas nem lua,
nada é capaz
de negar o meu descanso sobre o seu relevo.
Molde de me moldar
nestas ilustrações, farta, Medusa.

Você, meu caminho estrada sem norte.
Você, labirinto sem espelhos.
Você, seta cravada no ventre.

Mesmo que eu simule
me apaixonar, outras medidas.
Só aos seus pés curo minhas tonturas.
É dentro do seu olhar,
que procuro guarida.
Sequestras meus guindastes,
Fera mansa, jogo sujo, paz perdida.

Circense

Danço no ar com desenvoltura
a canção que inventei para te amar diferente.
Um larilá melodioso,
sequenciado com improvisações
e movimentos sublimes dos meus braços.

Danço meu salto sem proteção dentro do seu universo,
canto o feliz que sou neste ar que é você.
Requebro, batuque inventado por mim.

Me orgulho do salto, em queda livre me sinto maior.
No ar, me resta dançar nota a nota esse estado de plenitude.
Te amar me traz essa coragem circense,
e a música, os meus medos ilude.

Dois vencidos

A metade vazia das minhas coisas na sala silenciosa.
Vazia pela minha metade que dela partia
e sem esse tanto perdia sua face ruidosa.
Sambossa de danças pandeiros e almoços de domingo,
e que agora transmutava-se em presente avermelhado
de um fim em corte se abrindo.

Buscava um grão no piso amadeirado
em que dançamos nosso primeiro cortejo
Enquanto o não ensanguentado
comunicava bravamente o meu despejo.
Grão-saudade, grão-ternura, grão-desejo?
Em que parte desses cômodos se perderam os nossos beijos?
Como constrange ver partir a essência de um amor
que em solidão neste cais revejo.

Revejo em pedaços nossos momentos
como em um retrato picotado.
Em que suas mãos não mais estão nas minhas
e esvoaçam na sala quase vazia para diferentes lados.

Um quadro branco é o fim total
de um grande encontro mal amado.
Das páginas que juntos lemos,
sobre a mesa duas pilhas de livros que nos sorriram no passado.

A música não toca mais, há apenas um eco de um adeus gritado.
E os nossos corpos silenciados,
ressecam ao sol por este amor desperdiçado.

Sede

Beber da água em sua boca,
tomar o sangue branco de sua feitura.
Sobreviver.
E nessa alvorada de desejos
me alimentar do que há em mim de você.
Você, invenção do meu tédio
Você, meu quarto escuro em noite de sexta-feira
Você, TV ligada enquanto eu durmo.

Na tentativa, sonhar e acordar vibrado
em umidade, espanto e sedução.
Bebo, oásis em sua boca.
Refletido no espelho do quarto apenas eu.
Roçar na cama, o frio força
inventar moinhos,
invadir o breu.

E sobre o tecido desencontro,
poder dançar,
sobre o seu corpo.
Muso ensandecido, solitário dentro de mim.
Chorar baixinho
os porquês
do nunca ter você conseguido me amar sentido.
Me amar sem tez.

Dois Irmãos

Bunda disforme
a seduzir a cidade
que é fenda e pau.

Tudo é curva e glande
na cidade vermelha
que mais mata
que gera

Rio de sangue,
ereção inesperada
a causar constrangimentos
em quem se encanta.

Eros acordado antes da manhã,
prisão de rolar na cama,
prazer doído reencenado.

Rio cruel e nefasto,
cidade desencantada.
E o mar vermelho
a afogar os seus apaixonados.

Não poema

O macho marcha silencioso
Solitária mancha no deserto
Macho com sede
Macho com fome
Mata.

O macho arromba portas
Conserta cacos que ele mesmo quebrou
Orgulhoso de si
O macho
Mata.

O macho esconde
seus espelhos quebrados
e a voz que há dentro da voz.
Assustado
o macho
mata.

O macho teme a mulher
seu pesadelo
e o que não é reflexo dele.
Auto encurralado
o macho
mata.

O macho, triste visão.
pequenino ser
de estridente latidos.
Criminoso covarde
com frágeis escudos.
O macho morre
O macho mata.

O macho,
precisa de uma espada
precisa de um exército
precisa ir a lua
precisa inventar um Deus.
Precisa destruir o mundo.
Atormentado
por inimigos inventados.
Subjuga,
cruelmente.
O macho
mata.

Margens

O corpo que bole
e bole,
bole em cadência absoluta.
A bunda,
elegante miragem,
desfaz-se em ácida intenção.

Faz pra cá,
morro céu de dezembro.
Faz pra lá,
precipita uma queda,
arrebentação.

O samba vacila
na voz trêmula do cantor,
reinações indecodificáveis
de revoltas e medo.
Quanto mais canta triste o poeta
Tantos mais lamentos em sorrisos
a povarada liberta.

Samba, catarse de uma nação,
onde o meu fogo azul mais íntimo
se encontra.
em ferros em brasa um platô,
para os pés que em aflitiva fricção,
para o futuro, dançando, despontam.

Bandas

A bunda de Clarice,
duas bandas
massa fofa,
almofadas de dormir.

A bunda de Otávio
Bamba na avenida
Vai e vem líquido salgado
a escorrer no chão,
dança a sorrir.

A bunda de Janete
mistério e vastidão.
Parece o mundo
metade sol, metade escuridão.

A bunda de Gael
Travada musculatura
Faz que sim quando é não
Bole em sonhos
com desenvoltura.

Ilusões da mente

Em uma tarde quente
tudo pode acontecer.
Fernanda pode dar à luz
Rodrigo pode desistir de catar no lixo.
Nas ruas do Méier
Isadora pode trancar as portas
para sempre.

Em uma tarde quente
eu posso lembrar
que um dia esqueci você
e não saber quando
o espanto desse dia me traiu.

Em uma tarde quente
Mélanie pode mudar de nome
e passar a se chamar Roberto.
Os carros podem engarrafar o subúrbio
e a fumaça escura se dissipar no azul.
Eu posso querer voltar a ser menino
só para no mesmo lado de fora desse desejo
querer ser homem grande.

Em uma tarde quente tanto pode florescer,
lembrar do seu beijo,

nossos corpos no Sol de Salvador,
e me encontrar
na velhice.

Salgar

As crianças esperam
por esta viagem planetária do nascer.
Quando o homem vai deixá-las passar
no portal olho vermelho do velho mundo?
Libertá-las do sal.

Sonhei contigo e chovia.
Acordei saudoso dos moleques que não tive,
das meninas desnascidas.
Acordei com os galhos para dentro
e pau murcho.
Mente molhada desse sonho chuvoso
em que via você passar por mim
como um anjo.

Acordado,
as sementes apodrecidas no saco plástico.
Todos os acenos, choros e sorrisos.
Todo o espanto não vivido,
e as crianças, estátuas de sal,
a me observar..

Palavras esquecidas

Te entrego o meu livro vermelho
para que me ames sem medo,
sem jamais,
pedaço dourado da minha alegria.
Perceba minha temperatura,
a minha pele.
Sinta como pulsa enquanto lê os versos
que fiz para me esquecer
de tanto,
de tudo,
e ser apenas seu, não mais preso em mim.
Deixo as frases vermelhas nas páginas secretas,
que te entrego,
as senhas para as palavras esquecidas,
portais para outros mundos
onde sou apenas dentro do seu plasma,
corpo frágil sem escudos.

Entrego a você meu livro vermelho para que me destrua
e molde um outro dentro das salas limpas da sua mente.
Entrego meu livro vermelho para que rasgue página a página
minha vida inútil sem o nosso encontro,
o nada que fui antes de te ver.
Entrego meu livro vermelho em veias azuladas,
em caligrafias esquecidas na história do mundo,
hieróglifos perdidos a nos dizer,

que nada tem valor onde apenas nós existimos.
Neste cerrado de contemplação única do nosso amor,
te entrego meu livro vermelho para que me mate,
E me ame, como sempre quis.

O corpo de um lugar

"Recordar é ver, literalmente, o vestígio deixado fisicamente no corpo de um lugar pelos acontecimentos do passado."
— Achille Mbembe (Crítica da razão negra)

Eles

Eles se prostam na beira
O mar banha as suas peles negras
em vai e vem profundo.
Começam um canto rouco
que faz crustáceos saírem da areia
e desenharem o caos.

O canto é dissonante
Vibram e os rabos enrijecem
Uma onda de virilidade
que acorda as fêmeas no porvir.

Da camada espessa de gordura
cresce um falo envolto a sangue.
É quando se aproximam.

As estrelas parecem intensificar a claridade
e iluminar...
o que a lua, de costas,
teimar em embotar.

Essas tardes

O sol sumindo na tarde celeste
e um aperto no peito aproxima uma lembrança.
Outra tarde
Sol se pondo
Estômago roncando
Sonhos
E a única coisa que basta
no azul que escurece
é chorar olhando para os carros que passam
as pessoas que passam
como se tivessem um destino
uma rota.

No frio aquoso
o espanto floresce.

A carne da terra

Não tem nome
E essa ausência
corta a carne da terra
cobre a pele com folhas secas

Não tem quando anoitece
e a falta modifica a respiração
arregala o olhar
resseca o véu da boca

Gota a gota o rio da vida
estreita as margens.

Quando todos seguem,
refeitas bagagens.
Eu, só,
rastejo na pista de voo.

O amor

Ela falava, falava, falava,
e os farelos de pão caiam do canto de sua boca.
Vez em quando, parava e olhava para o nada,
esquecida na ternura de um passado retorcido.

Ela de frágil musculatura.
Ela de dores incessantes.
Ela solidão haste de ferro no peito.
Ela que me amava.

O amor que nos unia era de raiz e terra, simples objeto,
cheio de pedras no seio.
Cuidadosos para não o quebrar, esmerava-nos.

Um amor de pequenos presentes do cotidiano.
Quer que lhe prepare um café?
Já comprei o pão,
use meu travesseiro.

Ela falava, falava, falava.
E a sua voz me guiava na travessia.
O nosso amor, uma célula decifrada.
Enquanto as memórias em sua mente se perdiam.

Uma cidade

Eu sempre sonho com uma cidade
que não existe
Uma cidade pedra a pedra
construída no meu pensamento

No hotel da cidade
Estávamos hospedados.
A minha mãe buscava a sala de exames
E a Tia comia sorvete
Eu e você dividíamos o mesmo quarto
O Fernando me convocava para participar de um programa de TV
O Fernando com aquele jeito todo preto.
Com aquele jeito todo alto.

Eu tentava cuidar de tudo na cidade sem nome
Caminhava apressado pelos corredores do hotel
Queria levá-los para passear mais tarde
E que todos
permanecessem vivos.

Rádio relógio

Enquanto eu organizava meu uniforme
todo azul e branco
ele se preparava para trabalhar
Estava alegre naquela manhã comum
Fez piadas infantis
Contou mentiras de meninos
E rimos muito, juntos.
Eu passava a escova nos sapatos pretos
para que algo brilhasse
entre as paredes mofadas
embaixo do cheiro das telhas de barro
úmidas.

Aquecia o ferro para que a camisa ficasse toda reta
e lisa
A rádio relógio dizia que a mordida de um rato
é mais forte que a de um leão
Eu tinha medo dos dois
E de você, que sorrindo,
aspirava esperança em meu coração tão pequeno
e necessitado desse farto-amor
nunca entregue.

Dama da literatura

Dama frondosa de galhos grisalhos,
Mãe da mais bela semente,
voz que remansa as estações.

As palavras desenhadas por seu espírito,
livram um povo das tenebrosas embarcações
de apagamentos e saudades.

Mantra, transporto a sua voz, que acende a juventude,
em uníssono canto de sensível liberdade.
Quanto maior a elaboração
das palavras que desenha no íntimo abismo,
mais claridade traz
para os que desesperam no cais de falsas verdades.

Rabelim de brincos lua.
Maestra que consona gerações.
Sabedora das belas risadas.
Escutadora ao abrir-se em flores os corações.

Transforma em vida-texto,
que habita nossas mentes em belíssimas revoadas.
Deslocamentos do sentir.

Do meu ofício, contemplo sua trajetória,
rainha adornada por força e louvações.

Quanto mais emociona as suas histórias,
tanto mais germinadas nas hortas do pensamento,
um novo país frutificado em paz e tempestade,
em intensas calmarias conceições.

*Para a escritora Conceição Evaristo

Uma música, apenas

Como uma música que não envelhece
o nosso beijo na noite sem estrelas
e sem lua
Apenas a música assombrando a passagem do tempo
Apenas a música circundando o vazio que havia
entre os meus lábios e os seus
que agora assustados se encontram
na pressa inútil de um amor perdido

Como uma música que não envelhece
Enquanto passamos pelo tempo
Músculo, pele, olhar,
tudo mudando.
E esse som, permanente, do seu coração
quando o seu corpo descansa no meu.

Abô

Às folhas imploro
Suplico desmedido
Romance dos astros
Tapete vermelho
Maçã do amor

Macero
Escaldo
Infuso

Do mato, olho as estrelas,
buscando o seu nome.

Poeta?

Sou poeta
Digo baixinho
Olhos para o chão
Dentes cerrados.

E a poesia zomba de mim,
costumaz prosador.

Sou poeta
Falo mais alto
E o café que tomei pela manhã
quer contar a sua história.
Da fazenda à xícara?!
E o casal que faz a sua caminhada matinal
quer inventar em mim um diálogo.

Sou poeta
Grito para o céu de Campo Grande.
— Faça versos.
Ouço da voz de Deus,
esta coleção de fragmentos perdidos,
do que fui e sou.

Tablado

O teatro da minha poesia
é de seres selvagens
perdidos nos tantos
meus labirintos.

De máscaras terríveis
roupas de folhas
ervas arrastando-se no chão.

Um teatro de espantos
e gargalhadas,
por refazer
palavra sobre palavra
um constante palco vazio.

Breus

A primeira estrela
incandescente
na tela cinza escuro
do que fui.

Acende apaga
Me engana
traído por crer
na permanência
inevitável
dos meus contornos
na claridade.

Do fim

Acordei
E uma lua crescente
iluminava o quarto
Uma lua crescente
instalada na minha janela
Localizada como uma visita
Lua alienígena
Prenunciadora
Lua-presente

Quando uma lua
no alto da madrugada
tinge um azul no céu
há que se ter esperança
Um lirismo evidente

Do fim
Para algum inusitado
tipo
de começo.

A memória de um abraço

No vão que se abrira
o vazio.
Gelava o desejo
os claros e escuros dos dias.

E no corpo da pele
ressecava a casca da alegria
a casa da alegria
a água da alegria

Os tecidos que adoeciam
sem a energia de um abraço,
que apenas a memória não dava mais conta
de delinear em traços de sonhos.

Vagava entre quarto, sala, cozinha
escrivaninha, a escrever
A proteger das sombras
o que grita.

Mas vim a você
nos cerrados da madrugada
nas horas celestes
nas loucuras de cervejas geladas

E, agora, inteiro
Não sai de mim
o seu abraço calmo
que me salvou.

Os França

Duas grandes portas amarelas
Eternas abertas
Aqui e lá
Àiyé e Òrun
Portais para os quilombos,
chamando os guetos,
os grupos,
os sem tribo.
Anunciando a fresta de vida
O novo tempo

Casa-abrigo
Casa-Sol
Casa-Arte
Casa-Axé

No morro da Lapa
Os irmãos França
honram Ciatas, Cartolas, Candeias
desenham o novo tempo
com um abraço apertado
com um sorriso cheio de azuis, ouro e prata.

Após tantas noites cinzas
Eles a tramar afrofuturos
Florir no afeto

Em festa sonho e dança
No coração da noite
recompõem a força do nosso povo
Ressoando no céu negro da Lapa
A voz firme do Limeira:
"Faremos Palmares de novo."

*Para os irmãos Fabio França e Rodrigo França

Os dias em que não te vi

Uns versos na rua vazia
Na tarde que ia para lugar algum
As casas, portas trancadas
O medo sob os telhados,
na pele da consciência

Uns versos
E as letras se expandindo e desaparecendo
Fugindo de mim
A solidão que todo doente experencia
Os óculos que você me deu

O corpo, tontura
um pêndulo perverso
a querer se esvair da alma
O medo
O medo
O medo
quando se entende um:
A febre
A dor
O sangue
A morte?

Uns versos para espantar a loucura
Para espanar a crosta,
espessa camada de tédio
Os ponteiros enferrujados
que rangem sem pudor

Perder a nitidez do seu rosto
O calor de ver os seus traços
E os rostos de todos
Monstros sem definição

Perversos ponteiros
Pôr de sol fotografados
Os prédios contraluz

Da janela apenas o silêncio
E as grades dentro de mim
que me impedem
de fugir pela porta empoeirada.

Versos de todos os dias em que não te vi
Dos dias que não pude ler
Verbos guardados
Palavras de amor enrugadas no tempo
O presente transformado em lembrança
nesta carta-poema
onde já não mais sou.

Sementes

Quando pequeno
pegava a semente
envolvia no algodão
e esperava germinar.

Cheio de poesia

Todo poesia, meu corpo pequeno
Meus olhos redondos
Meus passos gordinhos.
Aprendendo a lição de esperar.

O chão de vermelhão
O medo de cair
As frutas enroladas no jornal
A intuição de alguma disciplina.

Tudo estranheza
Tudo poesia.

Esta obra foi composta em Arno pro light 13 para a Editora Malê
e impressa na gráfica PSI em São Paulo em julho de 2022.